Deutsch

Leonhard Thoma

Stress mit Luna und andere Geschichten

LEKTÜRE FÜR JUGENDLICHE
MIT AUDIOS ONLINE

Hueber Verlag

Für Anregungen und Feedback können Sie dem Autor Leonhard Thoma schreiben:
leo.thoma66@gmail.com

Cover: © Getty Images/E+/mapodile
Illustrationen: Cornelia Seelmann, Berlin

Einen kostenlosen MP3-Download zu diesem Titel finden Sie unter
www.hueber.de/audioservice.

Sprecherin: Stefanie Dischinger
Hörproduktion: Scheune München mediaproduction GmbH

3. 2. 1. | Die letzten Ziffern
2026 25 24 23 22 | bezeichnen Zahl und Jahr des Druckes.
Alle Drucke dieser Auflage können, da unverändert, nebeneinander benutzt werden.
1. Auflage

Umschlaggestaltung: Sieveking · Agentur für Kommunikation, München
Layout und Satz: Sieveking · Agentur für Kommunikation, München
Verlagsredaktion: Heike Birner, Hueber Verlag, München
Druck und Bindung: Friedrich Pustet GmbH & Co. KG, Regensburg
Printed in Germany
ISBN 978-3-19-418580-7

Art. 530_28612_001_01

Inhalt

01 1 Stress mit Luna 4

02 2 Die Demo 9

03 3 In den Ferien 14

04 4 Die Fee auf der Treppe 19

05 5 Die graue Katze 24

06 6 Der Unfall 29

07 7 Reisen 34

08 8 Die Polizistin und der Filmstar 39

Das große Geschichten-Quiz 44

Lösungen 47

Legende:

Schreib und lies dann den Text vor.

Arbeitet zu zweit und spielt das Gespräch vor.

Geht ins Internet und recherchiert.

Das Hörbuch zur Lektüre und die Tracks zu den Übungen stehen als kostenloser MP3-Download bereit unter: www.hueber.de/audioservice.

01 1 Stress mit Luna

Da kommt sie! Heute hat Luna also Zeit. Sie will ihm Mathe erklären. Wie nett von ihr! Aber vorher muss Jakob mit ihr reden. Zuerst muss sie ihm etwas ganz anderes erklären ...

Jakob ist total im Stress. So viele Baustellen! Zuerst war er krank: eine blöde Sommergrippe. Zwei Wochen lang konnte er nicht zur Schule gehen. Jetzt muss er alle Prüfungen kurz vor den Ferien schreiben: Mathe, Geschichte, Englisch und Physik.

Aber es gibt noch mehr Probleme. Die zehnten Klassen müssen im Sommer ein Praktikum machen.
„Findet eine gute Stelle", hat ihr Lehrer gemeint. „Ein interessantes Praktikum ist schöner als Urlaub, ein langweiliges Praktikum ist schlimmer als Schule."

---

die Baustelle: ein Problem

meinen: sagen

Ha ha, sehr witzig! Aber so leicht ist das nicht. Die anderen haben schon einen Platz. Ali im Krankenhaus, Finn in einer Fahrradwerkstatt, Luna bei der Zeitung. Nur Jakob hat noch nichts.
Wann soll er suchen? Er hat keine Zeit. Zuerst die Grippe, jetzt die Prüfungen. Mega-Stress! Jakobs Traum wäre eine Stelle in einem Architekturbüro.
Aber das wollen viele. Für eine Bewerbung ist es schon viel zu spät.
Auch das ist noch nicht alles. Das sind nur Schulprobleme. Den echten Stress hat er privat ... mit Luna.
Gestern durfte er endlich wieder zur Schule gehen. In der Pause wollte er mit Luna sprechen. Er hat sie überall gesucht. Dann hat er sie gefunden: auf der Treppe hinter der Schule.
Aber ... sie war nicht allein. Sie war dort mit Ben. Okay, die beiden haben dort nicht Arm in Arm gesessen. Aber sie haben sehr fröhlich geredet und viel gelacht. Wie gute Freunde. Wie sehr gute Freunde. Jakob ist schnell weggegangen.
Erst nach der Schule hat er Luna getroffen. Sie hatte es ziemlich eilig.
„Kannst du mir kurz mit Mathe helfen?", hat er gefragt. „Ich muss doch übermorgen meine Prüfung schreiben."
„Tut mir leid", hat sie geantwortet, „jetzt geht es nicht. Morgen vielleicht. Tschüs, ich muss nach Hause."
‚Nach Hause'. Aha. Das war leider nicht wahr. Eine halbe Stunde später hat er Luna im Café neben der Schule

---

die Architektur: Häuser planen und bauen

Arm in Arm: sehr zusammen

gesehen. Mit Ben. Vor ihnen auf dem Tisch war ein Laptop. Was machen die da? Ist Luna in Ben verliebt? Jakob kann es nicht glauben. Warum Ben? Das reiche Söhnchen mit dem tollen Motorrad. Jakob findet ihn so unsympathisch. Was will Luna mit diesem Blödmann?

Nachmittags wollte er Mathe lernen, aber er hatte gar keine Lust. Er musste immer an Luna und Ben denken. Abends dann Lunas Nachricht:
Alles klar. Morgen Mathe nach der Schule. Und eine Überraschung!

Eine Überraschung? Was heißt das? Jakob muss mit ihr sprechen. Er will das jetzt wissen. Das ist wichtiger als Mathe, viel wichtiger ...

Luna setzt sich neben ihn.
„Hallo, Jakob! Aber was ist denn los? So viel Angst vor Mathe?"
„Luna, ich weiß alles."
„Wie, ‚alles'? Was meinst du?"
Jakob sieht sie an. „Das mit Ben natürlich ..."
„Was? Habt ihr schon gesprochen? Hat er es dir schon gesagt?"
„Äh, wie ..."
„Schade", lächelt sie, „das wollte *ich* dir sagen. Aber ... freust du dich denn gar nicht?"
Wie bitte?, denkt Jakob. Was ist denn das für eine Frage?

---

das Söhnchen: kleiner Sohn	der Blödmann: dummer Junge	die Überraschung: etwas Neues	lächeln: freundlich sagen

„Jakob, ich weiß, dass du Ben nicht magst. Aber er hat mir echt viel geholfen. Ich habe ihn gefragt, weil seine Mutter Architektin ist. Sie hat schon eine Praktikantin. Aber sie war total nett und hat Kollegen gefragt und hat uns dann eine Liste gegeben. Ben und ich haben drei Tage lang telefoniert und E-Mails geschrieben."
Luna legt ihren Arm um Jakob.
„Gestern hat es geklappt. Du hast einen Platz in einem sehr bekannten Züricher Architekturbüro. Zufrieden?"

Und jetzt du!

1. **Schreibt das Gespräch weiter.**

   Luna: Zufrieden?
   Jakob: Wie bitte? ...
   Luna: ...

2. **Schreib einen kurzen Text.**

   Stell dir vor: Du musst ein Praktikum machen. Wo möchtest du gern arbeiten? Was möchtest du gern machen?

   Ich möchte ...
   Ich würde gern ...

01 **1. Jakob hat Stress. Lies oder hör die Geschichte und ordne zu.**

Prüfungen • Platz • Praktikum • Stelle • Architektin • Grippe • Bewerbung • Kollegen • Mathe

a Zuerst ist Jakob krank. Er hat eine ....
b Dann muss er noch alle .... schreiben: auch .... und Englisch.
c Außerdem muss er ein .... machen.
d Er muss die .... selbst finden, aber er hat noch keine .... geschrieben.
e Luna und Ben helfen ihm. Bens Mutter ist .... und fragt ihre ....
f Am Ende hat auch Jakob einen tollen ....

2. Jakob und Luna. Ergänze die Präposition.

neben • in • nach • um • auf • hinter • mit

a .... der Pause will Jakob .... Luna sprechen.
b Er sieht sie .... der Treppe .... der Schule. Mit Ben!
c Später trifft er Luna, aber sie muss .... Hause gehen.
d Am Ende wird alles gut: Luna setzt sich .... Jakob und legt ihren Arm .... ihn.

3. Adjektive. Wie heißt das Gegenteil?
Tipp: Alle Wörter stehen im Text.

a gesund	e langsam ....
b hässlich	f langweilig ....
c früh	g lang ....
d traurig fröhlich	h groß ....

2

2 Die Demo

das Plakat, demonstrieren

Vielleicht war es keine gute Idee, denkt Jasmin jetzt. Umweltschutz ist wichtig. Deshalb wollte sie unbedingt mitmachen, aber plötzlich ist sie nicht mehr sicher. Sie fühlt sich nicht gut.
Sie muss immer an Laura denken …

Eigentlich läuft alles prima. Die Demo ist friedlich, die Leute sind fröhlich. Die meisten sind jung. Aber man sieht auch Familien mit Kindern und ältere Leute. Das findet Jasmin super.
Und es sind wirklich viele gekommen. Der ganze Marktplatz ist voll. Über dreihundert Menschen! Toll!
Sie zeigen ihre Meinung, sie protestieren, aber mit Spaß und ohne Stress.

---

die Demo(nstration): Menschen zeigen ihre Meinung

friedlich: ruhig, freundlich

Vorne auf der Treppe haben schon einige gesprochen. Sprecher von verschiedenen Organisationen, Experten für Energie und Verkehr, aber auch ganz normale Leute: eine Lehrerin, eine Polizistin, ein Krankenpfleger. Es geht um verschiedene Projekte. Wie kann die Stadt umweltfreundlicher werden? Was muss die Politik machen, was kann jeder privat tun?
Einige Antworten stehen schon auf den Plakaten. Die Stadt braucht mehr Fahrradwege, mehr Parks, weniger Plastik, weniger Müll.
Das ist wirklich eine tolle Veranstaltung, denkt Jasmin, mit vielen guten Ideen. Trotzdem ist sie traurig. Warum?

Also, da ist diese Sache mit Laura, Jasmins bester Freundin. Heute ist Lauras Geburtstag. Sie hat ihre Freunde zu einer Gartenparty eingeladen. Heute um 16 Uhr.
Jasmin hat sich schon gefreut und wollte einen Kuchen backen. Vorgestern in der Schule hat sie sich plötzlich an den anderen Termin erinnert: die große Demonstration auf dem Marktplatz in Leipzig am Samstag um 17 Uhr. Also auch heute. Oh nein!

In der Pause ist sie sofort zu Laura gegangen: „Entschuldige, Laura, aber ich möchte zu der Demo gehen. Ich finde das wichtig. Da geht es um unsere Zukunft. Das verstehst du doch, oder?"
Laura hat das leider gar nicht verstanden. Sie war total sauer.

---

der Experte, die Expertin: die Person weiß viel

die Zukunft: die nächsten Jahre

„Spinnst du?", hat sie gerufen. „Ist dir mein Geburtstag ganz egal?"
Auch Emine und Tim waren sofort gegen Jasmin.
„Hey, das ist doch nicht unser Problem", hat Tim gelacht.
„Doch", hat Jasmin gesagt, „das ist unser Problem! Eine intakte Natur, saubere Luft, gesundes Essen ... das willst du auch, oder?"
„Ja natürlich", hat Tim gemeint, „aber so eine Demo ändert nichts. Das interessiert die Politiker gar nicht."
„Aber man muss doch seine Meinung sagen. Man muss alles versuchen!", hat Jasmin geantwortet.
„Vielleicht hast du recht", hat Emine gesagt, „aber die Demo findet ja auch ohne dich statt. Mit dir oder ohne dich, das ist doch egal."
„Nein, das ist gar nicht egal! Wenn alle so denken ..."
Jasmin hatte keine Chance. „Ich kann ja später kommen, so um 19 Uhr. Ihr feiert doch länger, oder?", hat sie vorgeschlagen.
„Vergiss es", hat Laura gesagt, „besser, du kommst gar nicht."
Das hat Jasmin richtig weh getan.
Gestern wollte sie noch mal mit Laura reden. Oder mit Tim oder Emine. Aber die wollten nicht.

Jetzt ist Jasmin hier. Sie findet das immer noch richtig, aber sie ist natürlich auch traurig. Sie würde gern mit jemandem sprechen, aber leider kennt sie niemanden hier. Sie hat zwei Lehrerinnen gesehen, aber keinen einzigen Mitschüler. Wie schade!
In diesem Moment hört sie eine Stimme.
„Hey Jasmin, da bist du ja!"

---

spinnen: verrückt sein

intakt: gesund, nicht gestört

keine Chance haben: nichts tun können

Moment mal, das ist ja ...
„Tim, was machst du denn hier?"
„Das siehst du doch", grinst Tim. „Ich demonstriere: für bessere Luft, eine gesunde Natur ... also einfach für unsere Zukunft." Er legt seinen Arm um Jasmin. „Das ist wichtig, hat mir jemand gesagt."
„Ja, aber was ist mit Lauras Party?"
„Wir haben den Plan geändert. Die Party beginnt erst um 19 Uhr. Besser für alle."
„Besser für alle?"
„Klar. Besser für alle: für dich, für uns, für die Umwelt, für alle."
Tim lacht und sieht auf sein Smartphone.
„Laura hat geschrieben. Sie und die anderen sind auch gleich da."

Und jetzt du!

1. **Schreibt ein kurzes Gespräch.**

   Fünf Minuten später kommt Laura.
   Laura: Hallo Jasmin, ich ...
   Jasmin: ...

2. **Schreib einen kurzen Text.**
   Du organisierst mit Freunden eine Demonstration. Was ist euer Thema?
   Wir sind für/gegen ...
   Wir wollen ...

---

grinsen: etwas witzig sagen

demonstrieren: → S. 9

2 **1. Was ist richtig? Lies oder hör die Geschichte und kreuze an.**

a Jasmin findet die Demo nicht mehr gut. ○
b Auf der Demo sind nicht nur junge Leute. ○
c Es gibt viele Ideen für Umweltschutz. ○
d Jasmin hat heute Geburtstag. ○
e Jasmin wollte, dass Laura zur Demo mitkommt. ○
f Tim findet die Demo zuerst unwichtig. ○
g Emine findet die Demo total falsch. ○
h Laura sagt, Jasmin kann später zur Party kommen. ○
i Jasmin ist alleine zur Demo gegangen. ○
j Tim hat seine Meinung geändert. ○
k Die Party findet nicht statt. ○
l Laura kommt auch zur Demo. ○

**2. Mehr Umweltschutz. Was hoffen wir?
Bilde den Komparativ.**

a Die Städte werden schöner. (schön)
b Die Luft wird ………. (gut)
c Das Essen wird ………. (gesund)
d Die Wälder werden ………. (groß)
e Die Meere werden ………. (sauber)
f Die Menschen werden ………. (glücklich)

**3. Ergänze das Verb oder das Substantiv (mit Artikel).
Tipp: Alle Wörter stehen im Text.**

a die Demo ……….
b der Vorschlag ……….
c der Protest ……….
d die Einladung ……….
e organisieren ……….
f veranstalten ……….

03

3 In den Ferien

die Kletterwand, klettern

Es ist der erste Tag nach den Pfingstferien. Schon um halb acht stehen einige Schüler vor der Uhland-Realschule. Großes Hallo! Jeder will seine Urlaubsabenteuer erzählen. Leon sieht Marco und geht zu ihm. Marco ist in einer anderen Klasse, aber sie spielen manchmal zusammen Basketball.

„Hallo Marco. Mensch, du bist ganz braun! Warst du am Meer?"

„Ja", antwortet Marco, „sogar auf dem Meer. Wir haben eine Kreuzfahrt gemacht. Das war der große Traum von meinen Eltern."

„Echt? Und wohin seid ihr gefahren?"

„Das war eine Tour auf dem Mittelmeer. So von Insel zu Insel."

---

die Pfingstferien: Ferien im Mai/ Juni (nur in Süddeutschland)

das Abenteuer: spannende Geschichte

die Kreuzfahrt: Reise mit dem Schiff

das Mittelmeer: Meer zwischen Europa und Afrika

„Toll, da hast du viel gesehen, oder?"
„Klar. Aber die meiste Zeit ist man eigentlich auf dem Schiff."
„Das Meer war sicher super. Bist du viel geschwommen?"
„Ja, aber nur im Swimmingpool. Man kann ja vom Schiff nicht einfach ins Meer springen."
„Ach so, klar. Und wie war es auf dem Schiff? Da kann man wahrscheinlich viel machen und eine Menge Leute kennenlernen."
„Also, das Essen war natürlich super und das Programm auch. Es gibt wirklich alles: Kino, Clubs und viel Sport. Aber leider waren nur wenige Jugendliche dabei.
Für Basketball oder Tischtennis habe ich niemanden gefunden. Und auf Zumba oder Yoga hatte ich dann auch keine Lust."
Beide lachen.
„Das glaube ich", sagt Leon, „aber was hast du dann gemacht?"
„Na ja, ich bin viel geklettert. Da war eine super Kletterwand. Ich habe sogar einen Kurs für Anfänger gemacht. Ich war der einzige Teilnehmer. Das war schade, aber ich habe viel gelernt. Vielleicht mache ich hier weiter. In Tübingen gibt es ja auch Kletterkurse.
Und du, Leon, wo bist du gewesen?"
„Na ja, wir müssen gerade sehr sparen, weil mein Vater immer noch arbeitslos ist. Deshalb konnten wir keine Reise machen. Ich war also hier."
„Die ganze Zeit? War das nicht langweilig?"
„Das habe ich zuerst auch gedacht. Aber schon am ersten Wochenende hat mich Amira angerufen und zum Volleyball eingeladen. Warum nicht?, habe ich gedacht. Volleyball, das ist mal etwas Neues."

klettern, die Kletterwand:
→ S. 14

arbeitslos sein:
keine Arbeit haben

„Ah, okay. Und wo? In der Schule?"
„Nein, im Wildpark. Dort gibt es einen tollen Platz direkt am See. Wir haben gleich ein paar Leute getroffen und haben den ganzen Nachmittag gespielt. Später sind wir natürlich alle ins Wasser gesprungen. Das hat echt Spaß gemacht."
„Das glaube ich."
„Wir haben uns dann fast jeden Tag getroffen: zuerst ein Spiel, danach rein in den See und dann zum ‚Strandhaus'."
„Strandhaus?"
„Das ist ein kleiner Kiosk dort, mit Eis, Pommes und so. Echt chillig."
„Cool. Ich war immer nur ganz alleine an meiner Kletterwand."
„Ja, das war wirklich schön. Am Ende haben wir sogar ein kleines Turnier organisiert. Sehr lustig! Amira und ich waren bei den ‚Wildparkkatzen'."
„Und? Habt ihr gewonnen?"
„Nein, aber das macht nichts. Wir haben alle zusammen gefeiert und am ‚Strandhaus' gegrillt."
„Mensch, hier war ja wirklich viel los."
„Das kann man sagen. Na ja, aber du hast Klettern gelernt. Das ist doch toll."
„Ja schon, aber so allein ..."
„Hey Marco, dann komm doch einfach zu uns!", ruft Leon.
„Macht ihr denn weiter?"
„Na klar, jeden Samstagnachmittag."
„Toll, das würde ich echt gern mal ausprobieren."

---

chillig: ruhig, entspannt

das Turnier: ein Wettbewerb

„Perfekt. Und in den Sommerferien gibt es dann wieder ein großes Turnier. Da spielst du dann bei uns, bei den ‚Wildparkkatzen'. Amira findet das sicher auch super."
Leon lacht.
„Oder bist du im Sommer wieder auf Kreuzfahrt?"

Und jetzt du!

1. **Schreib einen kurzen Text.**

   Was ist dein Lieblingssport? Warum?
   Welchen Sport möchtest du gern mal ausprobieren?
   Ich ... gern ...
   Ich würde gern mal ...

2. **Schreib einen kurzen Text.**

   Was sind für dich die schönsten Ferien? Was machst du? Wo bist du? Mit wem?
   Ich bin am liebsten ...

03

1. Marco oder Leon? Was passt? Lies oder hör die Geschichte und ordne zu.

der Kiosk • die Insel • die Clubs • der See • das Turnier • der Swimmingpool • feiern • einen Kurs machen • alleine sein • sparen müssen • das Strandhaus • das Schiff • das Meer • Volleyball • Freunde treffen • das Kino • grillen • klettern • der Wildpark

Marco: die Insel, ……………………………………

……………………………………

……………………………………

Leon: der Kiosk, ……………………………………

……………………………………

……………………………………

2. Ergänze das passende Wort.

denn • deshalb • trotzdem • weil

a Marco ist so braun, …………… er auf einem Schiff war.
b Er hatte dort keine Freunde. …………… ist er alleine geklettert.
c Leon war zu Hause, …………… seine Familie muss sparen.
d …………… hatte er tolle Ferien mit vielen Abenteuern.

3. Was passt? Verbinde und ergänze den Artikel.
Tipp: Alle Wörter stehen im Text.

a Real	1 ende	……………
b Kreuz	2 schule	……………
c Pfingst	3 wand	die Pfingstferien
d Kletter	4 ferien	……………
e Wochen	5 nachmittag	……………
f Samstag	6 fahrt	……………

4

4 Die Fee auf der Treppe

Ein Freitagabend im August. Die Münchner Sprachschule „Tangram" macht eine Party für die Sommerdeutschkurse. Sechzig junge Leute aus aller Welt feiern zusammen. Im Schulhof gibt es leckeres Essen und Live-Musik: Isa spielt Gitarre. Flamenco. Super Stimmung!
Tom sitzt neben Pablo auf einer Bank in der Sonne ...
Da! Die neue Mitschülerin sieht wieder zu ihm.
Sie ist sehr hübsch, findet Tom.
„Sag mal, Pablo, weißt du schon etwas über sie?"
„Über wen?"
Tom zeigt auf die Treppe hinter Isa. Dort sitzt ein Mädchen ganz alleine.
„Ach so, die Neue. Na ja, sie heißt Simona. Sie ist erst heute Morgen angekommen und bleibt zwei Wochen."
„Aha. Und was noch?"
„Keine Ahnung. Warum?"
„Ach, nur so."
Tom sagt besser nichts mehr. Mit Pablo kann man nicht über Mädchen reden. Der Junge interessiert sich nur für Kunst und geht jeden Nachmittag in eine Ausstellung. Wie langweilig! München ist doch kein Museum, München ist Party!
Tom schaut wieder zur Treppe. Sie heißt also Simona ...

Heute Vormittag ist sie in ihren Deutschkurs gekommen. In die letzte Stunde, es war schon fast zwölf. Wie eine Fee im Märchen war sie plötzlich da.

---

der Flamenco:
spanische Musik

die Fee im Märchen:
Frau in einer Fantasie-Geschichte

Pablo hat gerade sein Thema vorgestellt: „Der Maler Kandinsky und der Blaue Reiter". Nicht sehr spannend. Ganz leise hat sich Simona in die letzte Reihe gesetzt. Kein guter Start für sie, hat Tom gedacht, Pablo und seine langweiligen Bilder.
Eine Viertelstunde später hat ihr Lehrer gesagt: „Sehr schön, Pablo, vielen Dank! So, Schluss für heute. Aber ihr seht ja: Wir haben eine neue Mitschülerin. Wir wollen sie am Montag kennenlernen. Hausaufgabe also: Schreibt eine Liste mit fünf schönen Fragen an sie. Alles klar?"

Warum erst am Montag?, denkt Tom. Warum nicht jetzt? Ich sitze hier mit dieser Schlafmütze und da wartet die schöne Fee.
Tom muss etwas tun und er hat schon eine Idee.
Nein, er geht jetzt nicht zu ihr: Hallo, woher kommst du? Was sind deine Hobbys? Hast du Geschwister?
Das ist doch doof! Nein, sein Plan geht so: Er nimmt jetzt die Gitarre und spielt seine Lieblingssongs, die großen Hits. Dann setzt er sich zu Simona auf die Treppe.
„Hey, du spielst ja super!"
„Tja, ich spiele auch in einer ziemlich guten Band."
„Echt? Sag mal, bist du nicht in meinem Kurs? Ich glaube, ich ..."
So geht das! Sie reden ein bisschen, trinken was zusammen und gehen später tanzen. Ein super Plan, findet Tom.
Da! Sie schaut wieder zu ihm. Na also, das ist sein großer Moment.
„So, ich gebe jetzt ein kleines Konzert."

---

die Schlafmütze: langweilige Person | der Song: das Lied | der Hit: sehr beliebtes Lied

„Prima", meint Pablo und nimmt sein Glas. „Ich hole mir noch schnell eine Cola aus der Küche. Willst du auch eine?"
„Nein danke, ich trinke später etwas", lacht Tom und steht auf.
Alles läuft wie am Schnürchen. Isa will eine Pause machen und gibt Tom gern die Gitarre. Plötzlich ist alles ruhig. Alle sehen ihn an.
„So, jetzt gibts ein bisschen Rock. Seid ihr bereit?", ruft Tom und schon geht es los.
Die Songs sind bekannt. Alle freuen sich, viele singen mit, einige tanzen. Was für ein Erfolg!
Und die Fee? Die ist sicher noch auf der Treppe hinter ihm. Er kann sie nicht sehen, aber sie sieht ihn und ... sie hört ihn.
So, noch ein Lied und dann ist Schluss.

Die Leute jubeln. Tom bedankt sich und gibt Isa die Gitarre zurück. Er spricht noch kurz mit zwei „Fans", dann sieht er nach hinten.
Na, wie hat dir das gefallen?, will er Simona fragen.
Aber ... die Treppe ist leer! Wie bitte? Wo ist sie?

Tom sucht sie überall. Auch drinnen, auf dem Flur, in den Kursräumen. Aber sie ist weg. Einfach weg! Und wo ist Pablo? Komisch.
Tom muss jetzt etwas trinken. Genervt geht er in die Küche. Aber Moment mal, was ist denn hier los? Am Küchentisch sitzt Pablo und neben ihm ... die Fee!

---

wie am Schnürchen laufen: sehr gut klappen

jubeln: seine Freude zeigen

der Fan: Person, die etwas sehr liebt

genervt: wenn man sich ärgert

„Hey Tom, hör mal! Simona hat mein Projekt heute super gefallen. Sie hat Kunst als Hauptfach und ist Kandinsky-Fan. Und sie hat eine tolle Idee: Heute ist in München ‚Die lange Nacht der Museen'. Die haben alle bis ein Uhr geöffnet. Wir gehen nachher zusammen ins Lenbachhaus. Verrückt, oder?"
„Wie ... was ...?"
„Ja, total verrückt", lacht Simona, „der ‚Blaue Reiter' mitten in der Nacht! Aber deshalb bin ich hier. Weil es in München solche Events gibt."
Sie sieht zu Tom. „Und du? Kommst du auch mit?"

Und jetzt du!

1. Schreibt das Gespräch weiter.

Simona: Kommst du auch mit?
Tom: Also, ich ...

2. Recherche: Das gibt's wirklich!
Sucht Informationen und berichtet.

Kandinsky • der Blaue Reiter • Lenbachhaus

---

das Hauptfach: sehr wichtiges Fach

das Event: die Veranstaltung

4 **1. Lies oder hör die Geschichte und entscheide: Simona (S), Tom (T) oder Pablo (P)?**

Wer ...

a ... spricht im Deutschkurs über Kandinsky? ……
b ... gibt ein tolles Gitarrenkonzert? ……
c ... will die neue Mitschülerin sofort kennenlernen? ……
d ... findet Simonas Vorschlag wunderbar? ……
e ... kommt am Freitag plötzlich in den Deutschkurs? ……
f ... ist hier schon in einige Ausstellungen gegangen? ……
g ... findet Museen ziemlich langweilig? ……
h ... hat die Idee mit dem Lenbachhaus? ……

2. Simona und Pablo in der Küche. Ergänze das Verb in der richtigen Form.

sich kennen • sich vorstellen • sich bedanken • sich freuen • sich interessieren • sich unterhalten • sich setzen • sich ärgern

a Simona …… …… neben Pablo.
b Sie ……: „Hallo Pablo. Wir …… …… noch nicht. Ich bin Simona. Dein Thema heute war toll."
c Pablo …… und fragt: „…… du …… auch für Kunst?"
d Die zwei …… …… lange über Kandinsky.
e Pablo …… …… sehr über das Gespräch.
f Und Tom? Tja, Tom …… …… ein bisschen.

3. Da fehlt etwas! Ergänze Buchstaben und Artikel. Tipp: Alle Wörter stehen im Text.

a …… Sp……hule
b …… Au……lung,
c …… Mu……m
d …… ……tschkur……
e …… Mi……ülerin
f …… ……lafmü……

05

5 Die graue Katze

das Hochhaus

der Müllcontainer

Mina sieht aus ihrem Zimmer im dritten Stock. Wie grau ist das alles! Die Hochhäuser vor ihrem Fenster und auch der große Platz da unten. Grau und traurig.
An einigen Fenstern hängen Plakate: „Dieser Platz muss schöner werden!"
Ja, findet Mina, das wäre wirklich gut.
Sie schaut nach unten: viele Autos, einige Müllcontainer, ein einziger Baum. Kein Mensch. Wie schrecklich.
Moment! Da läuft etwas. Was ist das denn?
Ach so, nur eine Katze. Auch grau, aber wenigstens ein bisschen Leben.
Die Katze geht unruhig hin und her, springt unter ein Auto, klettert auf einen Container.
Na, dir gefällt es hier auch nicht, denkt Mina.

---

wenigstens: besser als nichts

hin und her: nach links und nach rechts

Mina ist alleine zu Hause, ihre Mutter ist zu einem Möbelhaus gefahren. Sie wohnen erst einen Monat in Frankfurt. Sie brauchen noch viele Sachen für die neue Wohnung: einen Schrank, Teppiche und ein kleines Sofa. Mina wollte nicht mitfahren. Sie hatte keine Lust. Tja ... aber zu Hause sitzen, das macht auch keinen Spaß.

„Ich habe endlich einen Job gefunden", hat ihre Mutter im Sommer gesagt, „aber wir müssen nach Frankfurt umziehen!"
Super! Mina hat sich gefreut. Ihr Dorf Waldbach ist schön, aber sehr klein. Eine große Stadt wie Frankfurt bedeutet für Mina ein ganz neues Leben: Kino, Partys, *Action*!
Aber so schnell geht das nicht. Alles ist hier noch so fremd.
Okay, in ihrer Klasse gibt es nette Leute. Aber ihr Gymnasium ist im Zentrum und die Schüler kommen aus der ganzen Stadt. Nach der Schule fahren alle nach Hause und sind weit weg.
In ihrem Dorf war das viel einfacher. Fast jeden Nachmittag hat Mina ihre Schulfreunde auf dem Sportplatz getroffen. Hier geht das nicht. Hier ist alles anders.
Natürlich kann Mina mit ihren Freundinnen chatten. Aber das ist nur digital. Mina will die anderen wirklich treffen und dann zusammen Skateboard fahren, Basketball spielen oder einfach quatschen.
Das ist also das Problem: Mina muss hier neue Freunde finden. Aber wie?

---

umziehen: die Wohnung wechseln

fremd: nicht bekannt, anders

quatschen: sprechen

Mina schaut immer noch aus dem Fenster. Wo ist die Katze? Ach, sie geht gerade in ein Haus. Die Tür steht offen.
Schade, denkt Mina, jetzt bist auch du weg.

Mina liest noch ein Plakat: „Platz für Menschen, nicht für Autos!"
Ja, das wäre echt eine gute Idee. Man sieht wirklich niemanden hier. Es gibt so viele Nachbarn und trotzdem ist man alleine. Das ist schon komisch.

In diesem Moment hört sie etwas. Jemand klingelt an der Tür.
Wer kann das sein? Ihre Mutter? Nein, sicher nicht. Die hat ja einen Schlüssel.
Mina geht an die Tür und öffnet. Vor ihr steht ein Junge, etwa so alt wie sie. Er ist total nervös.
„Hallo, ich bin Paul. Ich wohne im ersten Stock. Meine Katze ist weggelaufen. Ich habe sie erst seit einer Woche. Ich habe Angst, dass sie nicht zurückfindet. Ich habe schon alle Nachbarn unten gefragt. Hast du vielleicht eine kleine, graue Katze gesehen?"
„Ja klar", ruft Mina, „gerade vor zwei Minuten. Sie ist in ein Haus gelaufen. Komm ans Fenster! Ich zeige es dir."
Mina zeigt Paul den Eingang. Die Tür ist immer noch offen.
„Super, da finde ich sie sicher", freut sich der Junge. „Könntest du kurz am Fenster bleiben und aufpassen? Wenn sie wegläuft ..."
„Klar", sagt Mina, „mache ich."

---

klingeln: einen Ton machen

„Vielen Dank", ruft Paul und will schon nach unten laufen. „Sag mal, du bist neu hier, oder?", fragt er noch.
„Ja", lacht Mina, „fast so neu wie deine Katze. Ich heiße Mina."
Der Junge zeigt auf die Plakate an den Häusern.
„Du siehst ja, Mina, wir Nachbarn organisieren gerade eine Aktion. Wir brauchen da unten etwas Neues. Einen Treffpunkt mit Spielplatz, Basketball und Garten. Es soll ein Ort für alle Generationen sein. Wir wollen auch selbst mithelfen. Wir möchten der Stadt einen Vorschlag machen. Deshalb treffen wir uns heute um 20 Uhr. Hast du Lust?"

Und jetzt du!

1. **Schreib einen kurzen Text.**

   Wie geht die Geschichte weiter? Findet Paul seine Katze wieder? Werden er und Mina Freunde?

   Um 20 Uhr geht Mina ...

2. **Schreib einen kurzen Text.**

   In deiner Schule gibt es die Aktion „Unsere Schule wird schöner!".
   Hast du Ideen? Was könnte man machen?

   Wir könnten die Wände bunt bemalen.
   Wir möchten Sofas auf dem Flur.
   Wir wollen ein Schüler-Café organisieren.
   ...

---

alle Generationen: Großeltern, Eltern und Kinder

05 1. **Was ist richtig? Lies oder hör die Geschichte und kreuze an.**

a Mina sieht niemanden auf dem Platz unten. ○
b Auch einige Nachbarn finden den Platz hässlich. ○
c Mina denkt, dass die Katze den Platz mag. ○
d Minas Mutter will ohne sie einkaufen. ○
e Mina hat sich auf Frankfurt gefreut. ○
f Mina mag ihre Klasse gar nicht. ○
g Mina ist im Moment ohne Internet. ○
h Der Junge an der Tür sucht seine Katze. ○
i Die Katze ist in Minas Zimmer. ○
j Paul findet, der Platz muss schöner werden. ○
k Paul will um 20 Uhr mit Mina Basketball spielen. ○

2. **Warum? Verbinde die Sätze mit „weil".**

a Mina ist traurig. Sie hat keine Freunde.
Mina ist traurig, weil sie keine Freunde hat.
b Mina ist alleine zu Hause. Ihre Mutter muss einkaufen.
c Sie wohnen in Frankfurt. Ihre Mutter hat hier Arbeit gefunden.
d Paul will mit Mina sprechen. Seine Katze ist weg.
e Paul freut sich. Mina hilft ihm.

3. **Wie heißt der Plural? Ergänze mit Artikel.**
Tipp: Alle Wörter stehen im Text.

a das Hochhaus ....
b das Auto die Autos
c die Sache ....
d der Teppich ....
e die Party ....
f die Freundin ....
g der Mensch ....
h der Nachbar ....

6 6 Der Unfall

„Wann haben Sie den Termin?", fragt die Frau an der Rezeption.
„Um 17 Uhr", antwortet Felix nervös.
„Aber jetzt ist es schon fast Viertel vor sechs. Sie sind viel zu spät. Unpünktlichkeit mag Frau Kröger gar nicht."
„Aber ich habe Ihnen doch schon erklärt, dass da ein Unfall war. Jemand hat sich verletzt. Ich musste helfen. Bitte, sagen Sie das Frau Kröger. Sie muss mir eine Chance geben."
Die Frau ist mit der Entschuldigung nicht zufrieden. Aber sie nimmt jetzt das Telefon und wählt eine Nummer. „Warten Sie."
„Danke. Vielen Dank." Vielleicht wird noch alles gut, hofft Felix.
Aber nein, keine Chance.
„Frau Kröger ist nicht mehr da. Sie ist nicht den ganzen Tag im Büro, sie ist oft unterwegs. Sie hat viel Arbeit. Verstehen Sie?"
Oh nein, denkt Felix, jetzt ist alles aus!
Trotzdem hat er alles richtig gemacht: Die Radfahrerin hat Hilfe gebraucht, also hat er geholfen.

Was ist passiert? Also, Felix sucht einen Ausbildungsplatz. Er will etwas in der Gastronomie finden, am liebsten in einem großen, bekannten Hotel. Diese Welt hat ihn schon immer fasziniert.
Vor einem Monat hat er im Internet die Anzeige gesehen:

---

unterwegs sein: nicht im Haus sein

Gastronomie: Hotels und Restaurants

faszinieren: sehr gut gefallen

Das Fünfsternehotel „Lido" in Lübeck bietet eine Stelle an. Felix hat sofort seine Bewerbung geschickt, aber dann lange nichts gehört. Plötzlich ein Anruf, dass er sich vorstellen soll. Wunderbar!
Felix hat sich gut vorbereitet und sich genau über das Hotel informiert. Und er hat sich noch ein schönes, weißes Hemd gekauft.
Sehr optimistisch ist er heute mit dem Zug nach Lübeck gefahren.
Vom Bahnhof sind es nur 15 Minuten zu Fuß zum „Lido". Er war schon fast da ... dann diese Situation wie in einem Film:

Felix kommt an eine Kreuzung. Er sieht die Radfahrerin. Sie fährt sehr schnell, die Ampel ist noch grün. Plötzlich kommt ein Auto von rechts. Die Radfahrerin kann noch bremsen, aber sie fällt vom Rad und liegt auf der Straße. Daneben ihre Tasche, viele Papiere und andere Dinge. Das Auto fährt einfach weiter.
Felix ist sofort da. Er hat in der Schule einen Erste-Hilfe-Kurs gemacht, das ist jetzt sehr nützlich.
Die Frau hat sich am Bein und an einer Hand verletzt, aber es ist nicht so schlimm. Ein paar Leute kommen, ein Mann holt einen Erste-Hilfe-Koffer aus seinem Auto.
Felix kümmert sich zuerst um das Bein.
„Brauchen Sie einen Krankenwagen?", fragt jemand.
„Nein danke, nicht notwendig. Der junge Mann macht das toll", sagt die Frau und lächelt schon wieder. „Ich rufe gleich meinen Vater an. Er wohnt nicht weit von hier. Er kann mich abholen."

---

optimistisch sein: das Beste hoffen

bremsen: langsamer fahren, stoppen

lächeln: ein fröhliches Gesicht machen

Die Leute gehen langsam weiter. Jemand hat die Sachen von der Straße gesammelt und gibt sie der Frau.
„Oh, vielen Dank, das sind wichtige Geschäftspapiere", freut sie sich. Sie kann aufstehen, Felix bringt sie zu einem Stuhl vor einem Café.
„Setzen Sie sich", sagt er, „und zeigen Sie mir Ihre Hand. Die tut noch sehr weh, oder?"
„Na ja, ein bisschen, und der Kopf auch." Die Frau sieht ihn an. „Sie sind wirklich ein Engel. Haben Sie denn so viel Zeit?"
Tja, eigentlich hatte Felix keine Zeit. Aber er ist natürlich geblieben, bis der Vater gekommen ist.
Die Frau hat sich sehr herzlich bedankt: „Sie haben mich gerettet. Was kann ich für Sie tun? Bitte, wünschen Sie sich etwas. Darf ich Sie vielleicht einladen?"
„Ist schon gut", hat Felix gesagt, „ich muss sofort weiter. Ich habe noch einen wichtigen Termin."
Die Frau hat auf die Uhr gesehen. „Oh nein! Ich auch. Da muss ich gleich telefonieren."
Sie hat ihm noch schnell ihre Handynummer gegeben. „Bitte, rufen Sie mich an. Ich möchte Ihnen wirklich etwas schenken."
Felix hat die Nummer in seine Tasche gesteckt und ist losgelaufen. Er hatte immer noch das Bild im Kopf: diese sportliche Radfahrerin, diese elegante Geschäftsfrau so plötzlich auf der schmutzigen Straße. Total verloren. So schnell kann das gehen. Verrückt!

Wie lange hat dieser ‚Film' gedauert? Zwanzig Minuten, hat Felix gehofft. Aber er war leider viel länger: fast eine Stunde!

der Engel: gute Person

retten: sehr viel helfen

Für die Frau an der Rezeption ist die Sache klar: Felix hat seine Chance verpasst. Er soll gehen. Aber Felix will nicht. Nicht so.

„Bitte", sagt er, „Sie haben doch sicher die Handynummer von Frau Kröger. Rufen Sie sie kurz an! Bitte!"

Die Frau ist total genervt. Sie will etwas sagen, aber schließlich steht sie auf und geht nach hinten in ein Büro. Felix hört sie sprechen. Er hört seinen Namen, er versteht „Unfall", „Fahrrad", „helfen".

Gut, denkt Felix, sie hat Frau Kröger erreicht.

Zwei Minuten später ist die Frau wieder da. Sie wundert sich sehr. „Äh, kommen Sie mal ans Telefon. Frau Kröger möchte Sie sprechen. Sie ist froh, dass sie etwas für Sie tun kann. Sie freut sich schon auf das Wiedersehen."

Und jetzt du!

1. Schreibt ein kurzes Gespräch.

Felix geht ans Telefon.

Felix: Hallo Frau Kröger.

Frau Kröger: Hallo Herr Krull. Ich ...

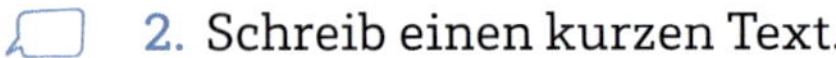

2. Schreib einen kurzen Text.

Felix will in der Gastronomie arbeiten.
Welche Ausbildung würde dich interessieren?
Warum?

Ich würde gern ..., weil ...

---

verpassen: zu spät sein

sich wundern: etwas nicht glauben können

1. **Der Unfall. Was passiert? Ergänze die Präpositionen. Lies oder hör den Text und ordne die Sätze.**

~~an~~ • auf • aus • ~~bei~~ • für • mit • nach • von • vor • um • zum

a ◯ Ein Auto kommt .... rechts.
b ① Felix fährt .... dem Zug .... Lübeck.
c ◯ Die Frau dankt Felix herzlich .... seine Hilfe.
d ◯ Ein Mann holt einen Koffer .... seinem Auto.
e ◯ Felix kommt an eine Kreuzung.
f ◯ Eine Radfahrerin fällt und liegt .... der Straße.
g ◯ Felix geht zu Fuß vom Bahnhof .... Hotel.
h ◯ Felix ist sofort bei der Frau.
i ◯ Felix bringt die Frau zu einem Stuhl .... einem Café.
j ◯ Felix kümmert sich .... das Bein.

2. **Am Abend erzählt Felix einem Freund von seinem Tag. Schreib die Sätze von Übung 1 um.**

Ich bin ... dem Zug ... Lübeck gefahren. Ich bin ...

3. **Was passt? Ergänze das Modalverb im Präteritum.**

wollte • konnte • musste

a Natürlich wollte Felix die Stelle im Hotel.
b Aber er war zu spät. Er .... einer Frau helfen.
c Die Frau war sehr froh. Sie .... ihn einladen.
d Aber Felix hatte keine Zeit. Er .... zum Hotel.
e Die Frau an der Rezeption ...., dass er nach Hause geht.
f Am Ende .... er doch mit Frau Kröger sprechen.

07 7 Reisen

Der junge Mann neben Ida sieht kurz auf sein Smartphone. „In zwanzig Minuten sind wir in Wien. Pünktlich um 11 Uhr 31."
Er freut sich über diese Pünktlichkeit. Er ist in Linz eingestiegen, hat Ida freundlich gegrüßt und gleich sein Tablet aus der Tasche geholt. Ida hat ihr Buch weitergelesen.
„Aha", sagt sie. „Und woher wissen Sie das?"
Er zeigt auf sein Smartphone: „Die Bahn-App. Haben Sie die nicht?"
„Nein", antwortet Ida.
Der Mann schaut sie kurz an, dann sieht er ihren Rucksack. „Sie machen eine kleine Ferienreise, oder?"
„Genau", sagt Ida, „drei Tage Wien. Ich war noch nie dort. Ich freue mich sehr auf die Stadt."
„Prima. Dann haben Sie in Wien sicher Familie oder Freunde."
„Nein, ich suche mir eine Jugendherberge."
„Ach so, Sie wollen also Wien auf eigene Faust entdecken. Was für ein großes Abenteuer! Was haben Sie vor?"
„Na ja, ich will zuerst mal einen Spaziergang durch das Zentrum machen und von dort dann zum Leopold Museum laufen."
„Moment mal." Der Mann nimmt wieder sein Smartphone. „Ja, das geht. Vom Stephansdom bis zum Museum sind es nur zwanzig Minuten."
„Aha", sagt Ida. „Und was machen Sie in Wien?"
„Kein Abenteuer, leider. Ich habe nur einen beruflichen

---

die App:	auf eigene Faust:	entdecken:	das Abenteuer:
Programm auf dem Smartphone	alleine, ohne Hilfe	kennenlernen	spannende Sache

Termin um 12 Uhr. Danach fahre ich gleich wieder zurück."
Er sucht etwas auf seinem Tablet. „Hier: Leopold Museum. Es gibt dort einige Bilder von Gustav Klimt. Wollen Sie etwas sehen?"
„Nein, danke", antwortet Ida, „die schaue ich dann dort an."

Der Mann sieht kurz aus dem Fenster, dann wieder auf sein Smartphone. „Der Spaziergang ist keine gute Idee, glaube ich."
„Warum denn nicht?", fragt Ida.
„Na ja, das Wetter: Es regnet von 12 bis 14 Uhr. Also wäre es besser, Sie besuchen zuerst das Museum und gehen danach spazieren."
„Aha", sagt Ida, „danke für den Tipp."
Der Mann lächelt: „Eine Wetter-App haben Sie also auch nicht."
„Nein", sagt Ida. „Wenn es regnet, setze ich mich in ein schönes Café. Das will ich ja auf jeden Fall machen."
„Da haben Sie recht. Die Wiener Kaffeehäuser sind berühmt. In welches Café wollen Sie denn gehen?"
„Na ja, ein Freund hat mir einen Tipp gegeben: ‚Café Streuner' oder so."
„Okay, das checken wir sofort." Der Mann schaut wieder einige Sekunden auf sein Tablet: „Oh nein, machen Sie das nicht."
„Warum denn nicht?"
Er hält Ida sein Tablet vor die Nase: „Nur 3,4 Punkte. Ein No-Go."

---

checken: prüfen, kontrollieren

das No-Go: das geht gar nicht

„Also meinem Freund hat es gut gefallen. Er hat einen Monat in Wien gewohnt und war oft dort."
„Wirklich? Das kann nicht sein."
Der Mann schaut immer noch auf sein Tablet.
„Warten Sie. Hier habe ich die Liste mit den besten Cafés in Wien. Ich könnte Ihnen den Link schicken. Dann können Sie sich alles anschauen und etwas reservieren."
Ida lächelt. „Nein, danke. Das brauchen Sie nicht."
Der Mann versteht nicht. „Aber wollen Sie sich nicht ein bisschen vorbereiten? So könnten Sie Ihre Zeit viel besser nutzen."
„Keine Angst, ich bin vorbereitet. Ich habe ein gutes Buch über ‚Kunst in Wien' und einen kleinen Stadtplan. Außerdem lese ich gerade einen spannenden Wien-Roman: ‚Der Trafikant' von Robert Seethaler. Den kennen Sie doch sicher."
„Nein, von dem habe ich noch nie gehört."
„Schade. Das ist ein tolles Buch. Wien in den 1930er Jahren."
„Aha. Interessant. Aber trotzdem, der Link ..."
„Ihr Link nützt mir leider nichts." Ida lächelt wieder.
„Ich habe kein Smartphone, nur ein altes Handy."
„Was! Kein Smartphone? Aber wie können Sie so reisen? Das geht doch gar nicht."
Der Mann kann es nicht glauben.
„Doch, das geht. Probieren Sie es mal. Das wird ein Abenteuer."

Der Zug wird langsamer. Ida steht auf und nimmt ihren Rucksack.

„So, ich glaube, wir sind gleich da. Also, mein Abenteuer beginnt jetzt. Wie Sie gesagt haben: ‚Wien entdecken, auf eigene Faust.' Ich freue mich schon.
Auf Wiedersehen und alles Gute!"

Und jetzt du!

1. **Schreib einen kurzen Text.**

   Am Abend ist der Mann zurück in Linz und erzählt seiner Freundin von seinem Gespräch mit Ida.

   Ich hatte heute im Zug ein interessantes Gespräch mit einer jungen Frau. Sie ...

2. **Schreib einen kurzen Text.**

   Ida möchte Wien sehen. Welche Stadt würde dich interessieren?
   Was würdest du in dieser Stadt machen?

   Ich würde gern ...

3. **Recherche: Das gibt's wirklich!**
   Sucht Informationen und berichtet.

   Leopold Museum • Stephansdom • Gustav Klimt • Robert Seethaler

07

1. Ida oder der junge Mann? Was passt? Lies oder hör die Geschichte und ordne zu.

~~das Museum~~ • ~~der Termin~~ • das Smartphone • der Rucksack • das Tablet • reservieren • entdecken • das Abenteuer • die Jugendherberge • die Bahn-App • das Café • das Buch • der Link • lesen • checken

Ida: das Museum, ……………………………………

……………………………………

der junge Mann: der Termin, ……………………………………

……………………………………

2. Was passt: „deshalb", „trotzdem" oder „weil"? Ergänze.

a Der junge Mann freut sich, ………… der Zug pünktlich ist.

b Es regnet bald. ………… will Ida einen Spaziergang machen.

c Ida liebt Klimt. ………… will sie ins Leopold Museum gehen.

d Der junge Mann hat einen Termin. ………… hat er keine Zeit.

e Ida ist gut vorbereitet, ………… sie ein Buch über Wien hat.

3. Dativ oder Akkusativ? Ergänze das Pronomen.

ihr • sie • ihm • ihn • es

a Der junge Mann grüßt Ida. Er grüßt ………….

b Er sieht ihren Rucksack. Er sieht ………….

c Ein Freund gibt Ida einen Tipp. Er gibt ………… einen Tipp.

d Das Café gefällt dem Freund. Es gefällt ………….

e Ida liest ein Buch. Sie findet ………… sehr spannend.

8 8 Die Polizistin und der Filmstar

In Berlin läuft gerade das große Kinofestival, die ‚Berlinale'. Für eine Polizistin wie Ronja Rasch bedeutet das viel Stress. Aber jetzt ist endlich Freitagabend, 18 Uhr. Wochenende! In fünf Minuten kann Ronja nach Hause fahren. Sie hat schon einen tollen Plan: ein romantisches Abendessen mit ihrem Freund Mats. Er will für sie kochen. Das wird spannend.

In diesem Moment hört sie ihr Handy. Ist das Mats?
„Tut mir leid, Ronja", sagt ihr Kollege Till Brummer, „es gibt noch Arbeit für dich. Schon wieder ein Diebstahl. Diesmal ein teures, zitronengelbes Abendkleid aus dem ‚Kaufhaus des Westens'."
„Aber Moment mal, Till! Kaufhaus? Das ist doch dein Job."
„Ja, ja, ich weiß. Ich habe ja auch schon fast alles gemacht: Also, in dem Laden gibt es viele Kameras. Nur schwarzweiß, aber gute Bilder. Man kann die Diebin perfekt sehen und wir haben sie auch bald gefunden. Am Potsdamer Platz. Direkt vor dem Hotel, wo heute Abend die große Berlinale-Party ist."
„Ihr habt die Diebin schon gefunden? Aber dann ist doch alles klar!"
„Nicht ganz. Das Kleid ist weg. Ohne Kleid ist die Sache nicht so klar. Außerdem ist die Dame ein Filmstar: Lola Lux. Sie ist ein bisschen ... schwierig. Bitte, Ronja, könntest du mit ihr sprechen? Solche Interviews kannst du viel besser."

---

der Diebstahl: etwas nehmen und nicht bezahlen

der Dieb / die Diebin: er/sie nimmt etwas und bezahlt nicht

„Also gut", sagt Ronja, „und wo ist unsere Diva?"
„Sie ist schon in meinem Büro. Zeig ihr das Kaufhaus-Video. Dann ist sofort alles klar. Danke, Ronja, du bist echt wunderbar!"

Zehn Minuten später sitzen alle in Brummers Büro. Lola Lux ist total genervt. Ronja Rasch bleibt freundlich: „Ganz ruhig, Frau Lux, ich will Ihnen nur kurz einen Film zeigen. Einen echten Krimi und Sie spielen die Hauptrolle. Das lieben Sie doch."

Das Video läuft: Man sieht das Kaufhaus, teure Mode für Damen. Eine Frau in einem exzentrischen Abendkleid steht vor dem Spiegel. Plötzlich zieht sie ihren Mantel an und geht. Lola Lux, ganz sicher.

---

die Diva: ein Kinostar

die Hauptrolle spielen: sehr wichtig sein

exzentrisch: nicht normal, etwas verrückt

„Na", sagt Ronja, „wie finden Sie das?"
„Ich glaube es nicht", ruft Lola Lux, „Carlotta macht ja viele dumme Sachen. Aber so etwas!"
„Carlotta? Wer ist denn Carlotta?" Ronja versteht gar nichts.
„Na, Carlotta Klau, meine Zwillingsschwester."
„Was? Sie haben eine Zwillingsschwester?"
„Aber hallo! Sie ist ein Superstar in Frankreich. Haben Sie das nicht gewusst?"
„Nein. Das ist mir auch egal, aber ... Till, schau mal ins Internet!"

Till Brummer braucht nur zwei Minuten am Computer.
„Tja, es gibt wirklich eine Carlotta Klau. Influencerin in Paris. Sie sieht aus wie Frau Lux, auch das Geburtsdatum ist gleich. Und sie hatte schon einige Probleme mit der Polizei."
„Jetzt verstehe ich", ruft Lola Lux, „Carlotta will auf die Berlinale-Party, hat aber kein Geld für Klamotten. So ist Carlotta!"
„Tja", sagt Ronja genervt, „dann dürfen Sie wieder gehen."
„Na also", lacht Lola Lux, „ich gehe sofort auf die Party, denn *ich* habe ja ein cooles Outfit für heute Abend."
Fröhlich steht sie auf. „Und noch etwas, meine Liebe: Ich bin Künstlerin, ich liebe schöne Dinge. So ein gelbes Monsterkleid würde ich nie anziehen. Also würde ich so etwas auch nicht stehlen. Das ist doch klar, oder?"
„Schon gut. Und tschüs!", ruft Ronja.
Oh nein, was für eine unangenehme Frau!

---

der Zwilling: er/sie ist am gleichen Tag geboren

die Klamotten, das Outfit: → S. 40

die Künstlerin: sie macht Kunst

das Monsterkleid: sehr hässliches Kleid

20 Minuten später fährt Ronja müde nach Hause. Eine Ampel wird gerade rot. Wie blöd! Sie muss warten und immer noch an diese Lola denken. Aber ihre Geschichte war perfekt. Oder? Sie sieht auf die Ampel. Rot, gelb, grün. Sie will losfahren ... aber Moment mal! Lola hat ja einen Fehler gemacht!
Schnell nimmt Ronja ihr Handy: „Mats, tut mir so leid, aber ich komme später. Ich muss sofort zur Berlinale und Lola Lux finden. Unglaublich! Dieses verrückte Huhn hat heute ein Kleid gestohlen!"

Und jetzt die große Frage:
Welchen Fehler hat Lola Lux gemacht?

Und jetzt du!

1. **Schreib einen kurzen Text.**

   Drei Stunden später ist Ronja endlich bei Mats.
   Sie erzählt ihm:
   Also, ich bin sofort zu dieser Berlinale-Party gefahren.
   Dort habe ich ...

2. **Recherche: Das gibt's wirklich!**
   Sucht Informationen und berichtet.

   Berlinale • Kaufhaus des Westens • Potsdamer Platz

1. Was passt? Lies oder hör die Geschichte und ordne zu.

dumm • perfekt • ~~wunderbar~~ • genervt • rot • schwarzweiß • stressig • cool • hässlich • romantisch

a Für Ronja ist die Berlinale sehr ....
b Ihr Abend mit Mats wird sicher ....
c Sie will Paul helfen. Paul findet das wunderbar.
d Ronja spricht mit Lola. Lola ist total ....
e Das Video ist ...., aber klar.
f Lola findet ihre Schwester Carlotta ziemlich .... und das gelbe Kleid ....
g Mein Outfit ist echt ...., sagt Lola.
h Zuerst denkt Ronja, dass Lolas Geschichte .... ist.
i Aber dann wird eine Ampel .... und sie findet den Fehler.

2. Das große Rätsel. Wie heißt das richtige Wort? Ergänze es mit Artikel. Tipp: Alle Wörter stehen im Text.

a Festival in Berlin: ....
b Samstag und Sonntag: ....
c sehr großes Geschäft: ....
d Gespräch mit vielen Fragen: ....
e Film mit „Action" und Polizei: ....
f wichtige Aufgabe in einem Film: ....
g Haltestelle für Züge: ....
h Beruf im Internet: ....
i die Sachen im Kleiderschrank (Pl.): ....

Das große Geschichten-Quiz

Hast du alle Geschichten gelesen?
Zu jeder Geschichte gibt es zwei Fragen.
Immer nur eine Antwort ist richtig. Kreuze an.

1 Stress mit Luna

a Wo will Luna ihr Praktikum machen?

A ○ In einer Schule.
B ○ Im Krankenhaus.
C ○ Bei einer Zeitung.
D ○ In einer Fahrradwerkstatt.

b Wer kennt viele Architekten und kann Jakob helfen?

A ○ Jakobs Lehrer.
B ○ Bens Mutter.
C ○ Lunas Eltern.
D ○ Ein Freund von Jakob.

2 Die Demo

a Welche Ideen gibt es auf der Demo?

A ○ Mehr E-Autos.
B ○ Mehr Plastikflaschen.
C ○ Mehr Geld für Schulen.
D ○ Mehr Wege für Fahrräder.

b Wie viele Leute sind bei der Demo?

A ○ Mehr als 300.
B ○ Genau 30.
C ○ Fast 3000.
D ○ Nur 3.

3 In den Ferien

a Was ist das Strandhaus?

A ○ Ein Haus am Meer.
B ○ Ein Café für Schüler.
C ○ Ein Sportclub.
D ○ Ein Kiosk im Park.

b Wie heißt das Team von Amira und Leon?

A ○ Waldseepferde.
B ○ Wildparkkatzen.
C ○ Strandhausvögel.
D ○ Wilde Hunde.

4 Die Fee auf der Treppe

a Welchen Plan hat Tom für den Abend?

A ○ Er will noch mal Gitarre spielen.
B ○ Er will mit Pablo über Simona sprechen.
C ○ Er will mit Simona tanzen gehen.
D ○ Er will mit Simona ins Kino gehen.

b Was ist „Tangram"?

A ○ Musik aus Spanien.
B ○ Eine Schule für Sprachen.
C ○ Eine Gruppe von Malern.
D ○ Ein Museum in München.

5 Die graue Katze

a Mina sieht aus dem Fenster. Sie sieht viele Autos und ...

A ○ einen Baum.
B ○ einige Fahrräder.
C ○ einen Jungen.
D ○ einige Stühle.

b Warum sind Mina und ihre Mutter jetzt in Frankfurt?

A ○ Ihr Dorf war zu klein.
B ○ Ihre Mutter hat hier Arbeit.
C ○ Die Schule hier ist besser.
D ○ Die Wohnung ist billiger.

6 Der Unfall

a Was möchte Felix im Hotel „Lido" machen?

A ○ Ein Praktikum.
B ○ Urlaub.
C ○ Einen Ferienjob.
D ○ Eine Ausbildung.

b Was passiert mit der Radfahrerin nach dem Unfall?

A ○ Sie fährt mit dem Rad weiter.
B ○ Felix bringt sie nach Hause.
C ○ Ihr Vater holt sie ab.
D ○ Sie ruft ein Taxi.

7 Reisen

a Warum fährt der junge Mann nach Wien?

A ○ Er wohnt dort.
B ○ Er ist beruflich dort.
C ○ Er will dort Freunde treffen.
D ○ Er will den Dom besuchen.

b Das Café Streuner ist ...

A ○ ein Tipp von dem jungen Mann.
B ○ im Moment geschlossen.
C ○ das Lieblingscafé von Idas Freund..
D ○ auf der Liste der 10 besten Cafés.

8 Die Polizistin und der Filmstar

a Carlotta Klau ...

A ○ ist nicht Lolas Schwester.
B ○ gibt es nicht.
C ○ lebt nicht in Deutschland.
D ○ ist auch ein Kinostar.

b Warum fährt Ronja am Abend zur Berlinale-Party?

A ○ Sie will auch feiern.
B ○ Sie will dort Mats treffen.
C ○ Sie will mit Carlotta Klau sprechen.
D ○ Sie will dort Lola suchen.

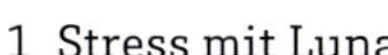

LÖSUNGEN

1 Stress mit Luna

1. a Grippe, b Prüfungen, Mathe, c Praktikum, d Stelle, Bewerbung, e Architektin, Kollegen, f Platz
2. a In, mit, b auf, hinter, c nach, d neben, um
3. a krank, b schön, c spät, e schnell, f interessant, g kurz, h klein

2 Die Demo

1. b, c, f, i, j, l
2. b besser, c gesünder, d größer, e sauberer, f glücklicher
3. a demonstrieren, b vorschlagen, c protestieren, d einladen, e die Organisation, f die Veranstaltung

3 In den Ferien

1. *Marco:* die Clubs, der Swimmingpool, einen Kurs machen, alleine sein, das Schiff, das Meer, das Kino, klettern; *Leon:* der See, das Turnier, feiern, sparen müssen, das Strandhaus, Volleyball, Freunde treffen, grillen, der Wildpark
2. a weil, b Deshalb, c denn, d Trotzdem
3. a 2 die, b 6 die, d 3 die, e 1 das, f 5 der

4 Die Fee auf der Treppe

1. *Simona:* e, h; *Tom:* c, g; *Pablo:* a, d, f
2. a setzt sich, b kennen uns, c bedankt sich, Interessierst ... dich, d unterhalten sich, e freut sich, f ärgert sich
3. a die Sprachschule, b die Ausstellung, c das Museum, d der Deutschkurs, e die Mitschülerin, f die Schlafmütze

5 Die graue Katze

1. a, b, e, h, j
2. b weil ihre Mutter einkaufen muss. c weil ihre Mutter hier Arbeit gefunden hat. d weil seine Katze weg ist. e weil Mina ihm hilft.
3. a die Hochhäuser, c die Sachen, d die Teppiche, e die Partys, f die Freundinnen, g die Menschen, h die Nachbarn

6 Der Unfall

1. a von, b mit, nach, c für, d aus, f auf, g zum, i vor, j um
   Reihenfolge: 4, 1, 10, 7, 3, 5, 2, 6, 9, 8
2. Ich bin ... gegangen. Ich bin ... gekommen. Ein Auto ist ... gekommen. Eine Radfahrerin ist gefallen und hat ... gelegen. Ich war ... / Ich bin ... gewesen. Ein Mann hat ... geholt. Ich habe mich ... gekümmert. Ich habe ... gebracht. Die Frau hat ... gedankt.
3. b musste, c wollte, d musste, e wollte, f konnte

7 Reisen

1. *Ida:* der Rucksack, entdecken, das Abenteuer, die Jugendherberge, das Café, das Buch, lesen
der junge Mann: das Smartphone, das Tablet, reservieren, die Bahn-App, der Link, checken
2. a weil, b Trotzdem, c Deshalb, d Deshalb, e weil
3. a sie, b ihn, c ihr, d ihm, e es

8 Die Polizistin und der Filmstar

1. a stressig, b romantisch, d genervt, e schwarzweiß, f dumm, hässlich, g cool, h perfekt, i rot
2. a die Berlinale, b das Wochenende, c das Kaufhaus, d das Interview, e der Krimi, f die Hauptrolle, g der Bahnhof, h der Influencer / die Influencerin, i die Klamotten

Welchen Fehler hat Lola gemacht?
Das Video ist schwarzweiß. Lola kann nur wissen, dass das Kleid gelb ist, wenn sie selbst die Diebin ist.

Quiz

1 a C, b B; 2 a D, b A; 3 a D, b B; 4 a C, b B; 5 a A, b B; 6 a D b C; 7 a B, b C; 8 a C b D